NOUVELLES

LECTURES GRADUÉES.

IMPRIMERIE DE E. DUVERGER,
RUE DE VERNEUIL, N° 4.

NOUVELLES
LECTURES GRADUÉES.

PREMIÈRE PARTIE.

CONVERSATIONS ENFANTINES
EN MONOSYLLABES;

PAR H. A. DUPONT (DE L'HÉRAULT),
INSTITUTEUR,
AUTEUR DE LA CITOLÉGIE, ETC.,
MEMBRE DE LA SOCIÉTÉ GRAMMATICALE ET DE LA SOCIÉTÉ
DES MÉTHODES D'ENSEIGNEMENT DE PARIS.

Nous n'aimons à lire que ce que nous comprenons

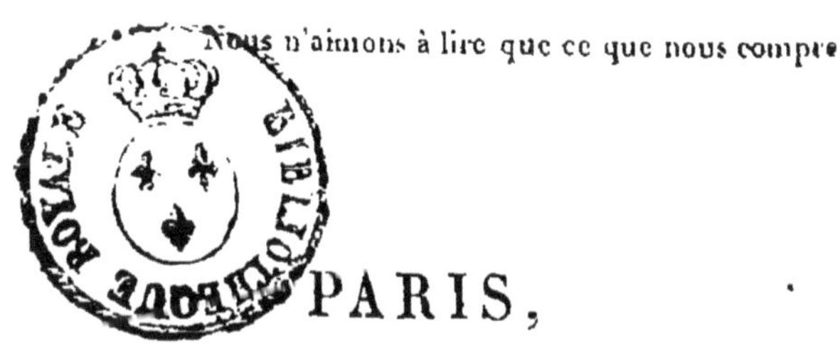

PARIS,
LIBRAIRIE CLASSIQUE DE L. HACHETTE,
RUE PIERRE-SARRAZIN, N° 12.
1829.

L'auteur s'est conformé aux lois. Il poursuivra les contrefacteurs. Il signe tous les exemplaires en encre rouge.

PRÉFACE.

L'OUVRAGE que nous offrons au public est le premier de ce genre que l'on publie en France. L'enfant qui ne lit pas couramment gagnera beaucoup à le parcourir : il y verra en peu de jours toutes les syllabes de notre langue exprimant des idées à sa portée, ce qui ne peut manquer de l'intéresser. On remarquera cependant deux ou trois pages de proverbes ou sentences que l'enfant ne peut comprendre : on peut s'amuser à les lui expliquer familièrement. Les enfans aiment ces explications. Il convient de ne pas laisser passer une seule phrase sans l'expliquer. Nous avons voulu fournir un texte à des leçons utiles.

Comme les monosyllabes ne présentent pas toutes les syllabes de la langue française, nous donnons de distance en distance des leçons supplémentaires en mots de plusieurs syllabes, afin que l'enfant qui parcourt ce livre n'oublie pas les syllabes et les règles qu'il doit avoir apprises dans d'autres livres.

Avec la méthode de lecture que nous avons publiée sous le titre de CITOLÉGIE, l'enfant de quatre ans apprend en quelques jours, et comme en jouant, à syllaber tous les mots français. Il peut lire dans ce livre dès qu'il a appris le cinquième tableau de principes.

L'élève doit répéter chaque alinéa jusqu'à ce qu'il le comprenne : c'est un très-bon moyen de lui donner le goût de la lecture. Si les enfans n'aiment pas à lire, et s'ils sont long-temps à lire couramment, c'est parce qu'on leur fait lire des livres hors de leur portée

L'élève doit répéter aussi toute pièce de lecture qu'il n'a pas lue avec une certaine facilité. Il faut cependant éviter qu'il n'en apprenne aucune par cœur : il la dirait sans la lire ; il oublierait au lieu d'apprendre.

On remarquera que le même monosyllabe revient plusieurs fois dans la même pièce de lecture, et qu'il revient quelquefois dans les pièces suivantes : nous pensons que c'est un avantage, et nous avons voulu le procurer à nos jeunes lecteurs.

Nous avons fait tout ce que nous avons pu pour donner une forme dramatique à chaque leçon, et la terminer par une moralité; nous avons cherché aussi à éviter la monotonie dans l'ensemble de l'ouvrage. Nous sommes loin de croire que nous avons réussi. Nous pensons cependant que, tel qu'il est, ce livre sera utile à l'enfance que nous aimons, et pour qui nous travaillons sans cesse.

On regrettera sans doute qu'une

main plus habile et plus habituée à polir des phrases n'ait pas été chargée de la composition de cet ouvrage. Ce regret ne nous blessera point : nous nous rendons justice. La route est maintenant tracée ; d'autres pourront la suivre et faire mieux que nous. On se tromperait toutefois si l'on croyait qu'il est facile de composer quelque chose de suivi en monosyllabes.

Nota. Nous avons imprimé en caractères italiques les consonnes qui sont muettes à la fin des mots. Il faut dire à l'enfant que les lettres qui ne sont *pas droites*, *qui penchent*, ne se prononcent pas.

NOUVELLES

LECTURES GRADUÉES.

Qu'*est*-ce que Dieu?

Dieu a fai*t* de rien tou*t* ce qui e*st*.

Il a fai*t* le ciel;

Il a fai*t* l'eau;

Il a fai*t* le feu;

Dieu a fai*t* tou*t* ce que tu voi*s* e*t* tou*t* ce que tu ne voi*s* pa*s*.

Dieu e*s*t dan*s* tou*s* le*s* lieu*x*.

Dieu voi*t* tout e*t* il sai*t* tou*t*.

Dieu peu*t* tou*t* ce qu'il veu*t*.

Mais il ne veu*t* pa*s* le mal, car il e*st* trè*s*-bon.

Il n'y a qu'un seul Dieu.

Tou*t* le bien nou*s* vien*t* de Dieu.

Le mal ne vien*t* que de nou*s*.

Si tu e*s* bon e*t* si tu crain*s* Dieu, tu lui plai*s*.

Pri*e* Dieu deu*x* foi*s* par jour.

Paul e*st* prè*s* de son li*t*.

Il pri*e* Dieu, je croi*s*.

Il ne nous voi*t* poin*t*.

Paul fai*t* trè*s*-bien :

Qu'il pri*e* Dieu tou*s* le*s* jour*s* ; il le doi*t*.

Dieu veu*t* qu'on le pri*e* au moin*s* deu*x* foi*s* par jour.

Pri*e* Dieu quan*d* tu sor*s* du li*t* ;

E*t* pri*e* Dieu le soir, quan*d* tu va*s* au li*t*.

C'e*st* ce que je fai*s*.

Je sai*s* que tu pri*es* Dieu deu*x* foi*s* par jour; E*t* tu fai*s* for*t* bien.

Dieu peu*t* tou*t*, e*t* il sai*t* mieu*x* que nou*s* ce qu'il nou*s* fau*t*.

Tu fai*s* don*c* bien quan*d* tu le pri*es*.

Que tu soi*s* beau ou lai*d*, soi*s* bon.

Ton fi*l*s e*st* trè*s*-beau:
Il e*st* bien blon*d*;
Il a les yeu*x* bleu*s*;
Il a le ne*z* bien fai*t*;
Son teint e*st* frai*s*;
Il e*st* grand e*t* il n'e*st* pa*s* tro*p* gro*s*.

Ton fi*l*s e*st* trè*s*-bien.

N'a-t-il pa*s* le cou un peu cour*t*?

Son nez n'e*st*-il pa*s* un peu pla*t*?

Non, son cou n'e*st* poin*t* cour*t*;

Non, son nez n'e*st* poin*t* pla*t*;

E*st*-ce qu'on te l'a di*t*?

Non; mai*s* j'ai cru le voir.

Que mon fi*ls* soi*t* beau ou qu'il soi*t* lai*d*,

C'e*st* bien peu pour moi :

Qu'il soi*t* bon,

C'e*st* mon vœu le plu*s* cher.

Le nœu*d* au bou*t* du fil.

Ma sœur, un peu de fil, s'il te plaî*t*?

Je ne sais si j'en ai.

Vois par là, et prends ce qu'il te faut.

Il n'y en a qu'un peu.

Prends-le, je le veux.

Il y en a du blanc et du gris.

En veux-tu? prends-en.

Prends les deux bouts de ton fil, joins-les et noue-les.

C'e*st* fai*t* ; mai*s* le nœu*d* n'e*st*-il pas un peu tro*p* gro*s* ?

Cou*ds* un peu, e*t* voi*s* ce qu'il en e*st*.

O*h* ! il e*st* tro*p* gro*s*.

E*h* bien ! rom*ps* le*s* deu*x* bou*ts* e*t* n'en nou*e* qu'un seul.

Le nœu*d* n'e*st* pa*s* si gro*s*.

Je le croi*s* bien.

Un bou*t* fai*t* bien moin*s* que deu*x*.

La soif e*t* le vin.

Ma sœur, j'ai soif.

Bois un peu de vin.

On ne boi*t* pa*s* de vin quand on a soif.

Le vin e*st* tro*p* for*t*.

Je n'en boi*s* poin*t*.

Mais c'est du vin blanc;

Il est bien clair;

Il est bien doux;

Il est fort vieux;

Il est très-bon;

Je n'en veux point:

Je ne bois que de l'eau.

Mais si je n'en ai point?

Tom vient vers nous.

Di*s*-lui que tu a*s* soif.

Tom, j'ai bien soif.

Tan*t* pi*s*, mon cher;

Je n'ai poin*t* d'eau.

Mai*s* je voi*s* un pui*ts*;

Je pren*ds* le seau.

Tien*s*, boi*s* dan*s* le creu*x* de ta main.

A*h*! que tu e*s* bon, Tom!

Je n'ai plu*s* soif.

Fai*s* voir dan*s* tou*s* le*s*
cas*s* que tu a*s* du cœur:
on ri*t* de toi si tu a*s*
peur.

Jean, me*ts* te*s* gan*ts*,
Pren*ds* du pain e*t* de*s*
noi*x*,
E*t* va dan*s* le parc,
Sou*s* le gran*d* pin.
Je n'y vai*s* pa*s* seul.

E*h*! quoi! tu a*s* peur?

Que crain*s*-tu?

J'ai peur du lou*p*.

Mai*s* le lou*p* ne vien*t* pa*s* dan*s* le parc;

Le parc e*st* clo*s*.

Le lou*p* e*st* bien loin dan*s* le*s* boi*s*.

Oui; mais hier il en vint un bien gro*s* prè*s* de che*z* nou*s*.

Luc me l'a di*t*.

Le lou*p* vien*t* la nui*t*;

Il ne vien*t* pa*s* le jour:

No*s* chien*s* son*t* là.

Le lou*p* fui*t* le chien,

Ou bien le chien mor*d* le lou*p* et le tu*e*.

N'ai*e* don*c* pa*s* peur:

Tu e*s* si gran*d*!

J'y vai*s*, ma sœur;

Je n'ai plu*s* peur.

Je ne veu*x* pa*s* qu'on ri*e* de moi.

Ce que di*t* le bon sen*s*.

On peu*t* tou*t* ce qu'on veu*t*.

On croi*t* tou*t* ce qu'on crain*t*.

On croi*t* tou*t* ce qu'on veu*t*.

Ne fais e*t* ne di*s* que ce que tu sai*s* bien.

Fai*s* voir dan*s* tou*s* le*s*

ca*s* que tu a*s* du cœur.

On ri*t* de ceu*x* qui on*t* peur.

Si tu me di*s* qui tu voi*s* tou*s* le*s* jour*s*,

Je sai*s* ce que tu e*s*.

Ne fai*s* rien de tro*p*;

Mai*s* fai*s* tou*t* ce qu'il fau*t*.

La pai*x* du cœur e*st* le plu*s* gran*d* de*s* bien*s*.

Ne men*ts* poin*t*; Dieu

veu*t* que tu soi*s* vrai.

Je fa*is* peu de ca*s* de ce que tu di*s*;

Je veu*x* voir ce que tu fai*s*.

Que le jour soi*t* moin*s* pur que le fon*d* de ton cœur.

Si tu croi*s* que tu sai*s* tou*t*, tu ne sai*s* rien.

Si tu fai*s* du mal, crain*s* le mal.

L'or, le fer *et* le plom*b*.

Qu'e*st*-ce que tu tien*s* là?

C'e*st* du plom*b*.

A*h*! que c'e*st* lour*d*!

Le plom*b* e*st* bien lour*d*.

Le fer ne l'e*st* pa*s* moin*s*.

E*t* il e*st* plu*s* dur.

Le fer es*t* plu*s* noir que le plom*b*.

Le plom*b* es*t* gri*s*.

Le fer n'es*t* pa*s* bien noir.

L'or es*t* plu*s* lour*d* e*t* plu*s* dur que le plom*b* e*t* que le fer.

L'or vau*t* plu*s* que le fer e*t* que le plom*b*.

L'or es*t* rou*x*.

Le mal au bras.

Luc s'es*t* fai*t* mal au bra*s* ;

J'ai vu la plai*e* :

Il en sor*t* du san*g* noir.

Qu'a*s*-tu dit à Luc ?

Je lui ai di*t* :

Luc, je te plain*s* bien.

C'e*st* trè*s*-bien, ma sœur :

Je vois que tu as bon cœur.

Et toi, ne le plains-tu pas?

Oh! que si, je le plains: Il est si bon, Luc.

Je plains tous ceux qui ont du mal.

Le froid et la faim.

Si tu as faim, j'ai du

lai*t*, du pain e*t* du vin.

Si tu veu*x* de l'eau, le pui*ts* n'e*st* pa*s* loin.

J'ai faim e*t* j'ai bien froi*d*.

Me*ts*-toi don*c* prè*s* du feu.

Le feu e*st* bon pour qui a froi*d*.

Me*ts* don*c* du boi*s*,
E*t* fai*s* bon feu.

Pren*ds* un peu de pain:

Le pain e*st* bon pour qui a faim.

Je crois que j'ai là de*s* frui*ts* ;

En veu*x*-tu ?

Quel*s* frui*ts* a*s*-tu ?

Ce son*t* de*s* noi*x*.

J'en pren*ds* six e*t* un peu de pain.

Bois un peu de vin :

On di*t* que le vin e*st* très-bon sur le*s* noi*x*.

C'e*st* vrai, le vin e*st* for*t* bon sur le*s* noi*x*.

Veu*x*-tu du lai*t*?

Il y en a de chau*d*.

Je n'en pren*ds* point:

Le lait e*st* tro*p* dou*x*.

Je n'ai plu*s* ni faim ni froi*d*.

Je sui*s* trè*s*-bien.

Le mail de Jac.

Qu'a Jac, di*s*-moi? Il n'e*st* plu*s* gai.

Il se plain*t* qu'on lui a pri*s* son mail.

Qui que ce soi*t* qui l'ai*t* pri*s*, c'e*st* for*t* mal.

Ren*ds*-le-lui, si c'e*st* toi qui l'a*s* pri*s*.

Eh ! mais ce n'est pa
moi qui lui ai pris son
mail :

J'en ai un plus beau
que le sien :

Mon mail est tout
neuf et le sien est vieux.

Mais n'est-ce pas un
mail que je vois dans
ce coin ?

Ah ! c'est le mail de
Jac !

Tien*s*, Jac, pren*ds* ton mail, et ne fai*s* plu*s* la mou*e*.

Soi*s* bien gai e*t* ne per*ds* plu*s* ton mail.

Le mail de Jac n'e*st* pa*s* si vieu*x* ;

Il e*st* trè*s*-beau.

—

Un œuf pour un coing.

Vois donc cet œuf.
Où l'as-tu pris?
Je l'ai pris dans le pré;
Je l'ai vu de loin sur le foin.
Il est fort gros,
C'est l'oie qui l'a fait.
Oh! non; les œufs d'oie sont bien plus gros;

E*t* il*s* ne son*t* pa*s* si blan*cs*.

Les œu*fs* d'oi*e* sont un peu gri*s*.

Cet œuf-là e*st* trè*s*-blan*c*.

Les oi*es* son*t* dan*s* le pré ;

Vien*s* don*c* le*s* voir.

N'en ai*e* pa*s* peur :

Les oi*es* ne font pa*s* de mal.

Prend*s* cet œuf pour ta sœur.

Tu e*s* tro*p* bon, Jean.

Prend*s*-le, te di*s*-je,

Ou tu n'a*s* plu*s* bon cœur.

E*t* le coin*g* que je tien*s* de toi?

Il e*st* plu*s* gro*s* que me*s* deu*x* poin*gs*.

Il sen*t* trè*s*-bon.

Prend*s* don*c* cet œuf ou je te ren*ds* ton coin*g*.

PREMIÈRE LEÇON SUPPLÉMENTAIRE.

Ma pomme sera très-bonne.

Ma canne *est* belle.

J'irai à la messe.

La salle est nette.

Cette pelle est neuve.

L'heure sonne.

Le chameau a une bosse.

C'est l'homme que j'ai vu.

J'ai gagné un rhume.

J'ai bu du thé.

Cette feuille e*st* sèche.

Le couteau e*st* rouillé.

Remi m'a mouillé.

Voici une belle caille.

L'oiseau e*st* sur l'arbre.

Réné se peigne seul.

Lisa me raille tro*p*.

e*t* du boi*s* chez le vieu*x* sain*t* Jean ;

Joins-y du pain e*t* du vin e*t* pren*ds*-lui son chou.

Tu n'a*s* plu*s* froi*d*, au moin*s* ?

Bonsoir, sain*t* Jean ;

Vien*s* nou*s* voir de tem*ps* en tem*ps*.

Il ne di*t* rien le bon sain*t* Jean.

Mai*s* ses yeu*x* ver*s* le ciel e*t* se*s* pleurs on*t* tou*t* di*t*.

Le bien que l'on fai*t* e*st* trè*s*-dou*x*.

Au moin*s* du pain.

Le pain e*st* trè*s*-cher.

La plui*e* a fai*t* grand mal au blé.

Je plain*s* le*s* gen*s* qui

n'on*t* ni pain ni blé.

Y a-t-il bien de*s* gen*s* qui n'on*t* pa*s* de pain ?

Il n'y en a que tro*p*.

Quand il y a peu de blé, ou que le blé n'e*st* pa*s* bon, le pain se ven*d* for*t* cher ;

E*t* bien de*s* gen*s* n'en on*t* pas ou en on*t* for*t* peu.

Oh! tant pis! Dieu! que je les plains!

Le pain est si bon! et il en faut.

Au moins du pain,

Au moins du pain,

Pour qui n'a rien de plus.

Ne di*s* de Jean, quand il e*st* loin, que ce que tu en di*s* quand il e*st* prè*s* de toi.

Que fai*s*-tu sur ce banc?

Je ven*ds* de*s* poi*s*.

Quel*s* poi*s* ven*ds*-tu?

Je ven*ds* de*s* poi*s* ver*ts*.

Et tu e*s* tou*t* seul?

Non ; ma sœur e*st* là.

Te*s* poi*s* ver*ts* son*t* beau*x*.

A*s*-tu vu Fritz ?

Il e*st* tou*t* prè*s* de nou*s*.

Sai*s*-tu qu'il n'e*st* pa*s* beau ?

Je sai*s* qu'il e*st* bon, ce qui vau*t* mieu*x*.

Il a le tein*t* brun :

Il a le nez plat....

Tais-toi : ce que tu dis n'est pas bien.

Si Fritz n'est pas beau en peut-il mais, lui?

Que dis-tu de moi?

Je n'en dis pas de mal.

Tu me loues quand je suis là :

Qu'en dis-tu quand je suis loin?

Je n'en dis que du bien :

Tu sais le cas que je fais de toi.

Fritz croit que tu fais cas de lui ;

Je sais ce qu'il en est.

Ne me dis plus rien :

Je ne veux plus te voir.

Si tu es beau tu n'es pas bon.

Fritz vau*t* mieu*x* que toi,
Car il e*st* bon.

Le pa*o*n e*st* beau, mai*s* son cri ne plaî*t* pa*s*.

Le bec du pa*o*n n'e*st* pa*s* gro*s*.
Son cou e*st* for*t* lon*g*.
Sa queu*e* fai*t* le ron*d*.
Où e*st* le pa*o*n ?

Il e*st* là-hau*t* sur le toi*t*.

N'e*st*-ce pa*s* lui qui cri*e* ?

Il cri*e* trè*s*-fort.

Le pa*o*n e*st* for*t* beau;

Mai*s* son cri ne plaî*t* pas.

Le bain e*t* le bal.

Je vais au bal ce soir.

Et moi je vais au bain.

Ma sœur me l'a dit.

Le bal vaut mieux que le bain.

Tu le dis, toi?

Et moi je dis que le bain vaut mieux que le bal.

C'est ce qu'on a qui vaut le mieux.

Et si je vais au bal puis au bain ?

Va donc au bal, puis au bain, si tu le peu*x*.

Au bal on a bien chau*d*.

Dan*s* le bain on e*s*t au frai*s*.

Je vai*s* donc au bal,

E*t* plu*s* tar*d* au bain.

E*t* moi je vai*s* voir un ni*d* dan*s* le parc ;

E*t* plu*s* tar*d*, le bain es*t* là si je le veu*x*. Je ne

vais au bain que le soir.

Le chau*d* et le froi*d*.

Je n'en pui*s* plu*s* :
Je meur*s* de froi*d*.
M*ets*-toi donc prè*s* du feu.

Dieu ! quel tem*ps* ! il fait ou tro*p* chau*d* ou tro*p* froi*d*. On n'y tien*t* pa*s*.

Ne te plains pas du temps ;

Prends-le tel qu'il vient.

Il fait chaud et il fait froid tous les ans :

Il le faut bien.

Tu ne me dis rien de neuf.

Je sais qu'il fait froid et qu'il fait chaud tous les ans;

Mai*s* je ne m'en plain*s* pa*s* moin*s*.

E*t* tu a*s* gran*d* tor*t*.
A*s*-tu moin*s* froi*d*,
A*s*-tu moin*s* chau*d*,
Quan*d* tu t'e*s* plain*t*?

E*t* mon Dieu ! non:
J'ai chau*d* s'il fai*t* chau*d*,
J'ai froi*d* s'il fai*t* froi*d*.

E*t* toi, ne te plain*s*-tu pa*s* ?

S'il fai*t* froi*d*, je me tien*s* prè*s* du feu;

S'il fai*t* chau*d*, je me tiens au frai*s* quan*d* je le pui*s*,

E*t* je ne me plain*s* pa*s*.

Le*s* ba*s* qui son*t* tro*p* cour*ts*.

Fais un nœu*d* au bou*t* de ce fil,

E*t* vien*s* prè*s* de moi.

Le nœu*d* e*st* fai*t*.

Que veu*x* - tu de moi?

Pren*ds* le*s* ba*s* de mon fi*ls*;

Il y a troi*s* gran*ds* trou*s*.

Ce*s* ba*s* son*t* tro*p* cour*ts* pour ton fi*ls*.

Il n'en a pa*s* pour troi*s* jour*s*.

Il lui faut des bas plus longs.

Vois donc dans ce sac;

Il y a des bas bleus qui sont plus grands.

Ils sont tels qu'il les faut.

Ces bas-là sont bien plus grands.

Va voir si mon fils dort, et prends-lui ses bas bleus.

O*h*! non, il ne dor*t* pa*s*: Dè*s* qu'il m'a vu, il a fai*t* troi*s* sau*ts* sur son li*t*. Il e*st* don*c* bien gai; tan*t* mieu*x*.

Le pain sec.

Que fai*s*-tu là? Tu voi*s* bien ce que je fai*s*:

Je mor*ds* sur mon pain.

E*h* ! quoi ! le pain tou*t* sec ?

Le pain sec e*st* for*t* bon pour qui a faim.

J'ai bien faim.

Pren*ds* un bol de lai*t* chau*d* ;

Le lai*t* chau*d* e*st* for*t* bon.

Il y en a dan*s* ce gran*d* po*t*.

Le lai*t* es*t* tro*p* dou*x*;
Il me fai*t* mal.
Je n'en veu*x* pa*s*.
Pren*ds* donc un frui*t*.
Il n'y en a poin*t*.
Il*s* ne son*t* pa*s* mûr*s*.
No*s* frui*ts* son*t* tou*t* ver*ts*.
Tou*s* no*s* frui*ts* son*t* mûr*s*,
E*t* il*s* son*t* très-bon*s*.

N'as-tu point de fruits secs?

Je n'en sais rien.

Vois donc par là.

Les fruits secs sont très-bons.

Le bord du lac.

Où est mon fils, dis-moi?

Je le voi*s* là-ba*s* sur un roc, au bor*d* d'un lac.

Quoi ! mon fi*ls* e*st* sur un roc e*t* au bor*d* du lac?

Ne crain*s* rien:

Ce roc e*st* loin de l'eau,

E*t* il n'e*st* pa*s* bien hau*t*.

Mai*s* je ne le voi*s* pa*s*.

Tu dis qu'il est là-bas?...

Oui, il est là-bas près du grand pin.

Il n'y est plus; vois donc.

C'est vrai : je ne le vois pas;

Mais il est près de nous.

Mon fils, ne va plus sur ce roc ni au bord du lac.

Je ne le veu*x* poin*t*. Je crain*s* pour ta vi*e*. Ne va plu*s* si loin tou*t* seul.

Le rô*t* qui n'e*st* pa*s* cui*t*.

Le rô*t* n'e*st* pa*s* cui*t* ce soir; il e*st* tou*t* cru. Ce n'e*st* pa*s* du ju*s* qu'il y a dans ce plat :

C'est du sang.

Veux-tu du rôt tel qu'il est?

Le rôt qui n'est pas cuit n'est pas de mon goût.

N'y a-t-il rien de cuit par-là?

Je n'en sais rien; je vais voir.

Vois bien ce qu'il y a,

Car j'ai bien faim.

Il y a du porc frais.

Est-il bien cuit?

Je le crois, car on dit qu'il y a long-temps qu'il est dans le four.

On craint qu'il ne soit trop cuit.

Le porc frais n'est bon que bien cuit.

Il y a du foie de veau, en veux-tu?

Le foie de veau est très-fin.

Et si c'est du foie de bœuf?

Le foie de bœuf est plus gros,

Et il est bien moins fin.

Qu'il soit de veau ou de bœuf, sers-m'en un peu.

DEUXIÈME LEÇON SUPPLÉMENTAIRE.

Le charbon e*st* noir.

Charle*s* se calme.

Le carmin e*st* rouge.

Je dicte la leçon.

J'ai besoin de cela.

Il prendra un bouillon.

L'herbe e*st* sèche.

Il parle ce jargon.

Jean va au jardin.

Vincent ira au sermon.

Joseph parla ainsi.

Mon chien *est* borgne.

Voici un bon rognon.

Lucien a mangé du chapon.

Voilà un joli lorgnon.

Le boudin *est* bien noir.

Je le verrai demain.

Ce torchon *est* sale.

Le ciel e*st* bien serein.

Le laiton e*st* jaune.

J'en serai le témoin.

Il a tondu se*s* moutons.

Ma lettre sera longue.

J'aime le jambon.

Tourne don*c* le bouton.

Julien a perdu son jon*c*.

Le vieux Saint Gal.

Toc, toc; qui va là?
C'est le vieux Saint Gal.
Que veux-tu, Saint Gal?
Il est bien tard,
Et je suis à jeun:
Un peu de pain,
S'il vous plaît.

Quoi! tu es à jeun si tar*d*?

E*t* je n'ai poin*t* de pain;

Il cui*t* dan*s* le four.

Mais il y a du frui*t* sur la clai*e*.

Pren*ds* - en, mon cher.

No*s* frui*ts* son*t* mûr*s*.

Le*s* frui*ts* mûr*s* ne fon*t* pa*s* mal.

Vo*s* frui*ts* son*t* trè*s*-bon*s*.

Chut ! poin*t* de brui*t* !

Mon fi*ls* dor*t* ;

Il *est* sur son li*t*.

N'e*s*-tu pas un peu sour*d*, Sain*t* Gal?

Je ne per*ds* pas un mo*t* de ce que l'on me di*t*; je ne sui*s* donc pas sour*d*.

Le mal aux yeu*x*.

Marc ne voi*t* pa*s* bien clair; il a mal aux yeu*x*.

Il n'a mal qu'à un œil;

C'est à l'œil droi*t*.

A*h*! je le plain*s* de tou*t* mon cœur:

Marc a trè*s*-bon cœur.

Il e*st* for*t* dou*x*:

Il a gran*d* soin de moi.

Quan*d* je sor*s*, c'e*st* lui qui me pren*d* par la main.

S'il y a de l'eau ou de la bou*e* dan*s* la ru*e*, il me pren*d* sur son do*s*.

Je sui*s* de tou*s* se*s* jeu*x*.

Mais on ne jou*e* pa*s* quand on a mal aux yeu*x*.

On ne peu*t* voir le jour.

On ne peu*t* voir le ciel quand on a mal aux yeu*x*.

E*t* le ciel e*st* si beau !

A*h*! quel mal que le mal aux yeu*x*.

Le mal au*x* den*ts*.

Paul a mal au*x* den*ts*.
Il ne dor*t* pa*s* ;
Il cri*e* nuit e*t* jour ;
Il ne pren*d* rien ;
A peine s'il boi*t* de l'eau.
Ce qui e*st* froi*d* lui fai*t* mal,

E*t* il crain*t* ce qui e*st* un peu chau*d*.

Je sai*s* ce qu'il en e*st* de*s* mau*x* de den*ts*.

J'en ai eu deux ou troi*s* foi*s* ;

E*t* si je n'en ai plu*s*,

C'e*st* que je n'ai plu*s* de den*ts*.

On va, on vien*t* ;

On e*st* mal dan*s* tou*s*

les*s* lieu*x* quand on a mal aux den*ts*.

Ah ! je plain*s* bien ceu*x* qui on*t* de*s* mau*x* de den*ts*.

Ce que di*t* le bon sen*s*.

Le lou*p* sor*t* du boi*s* quand il a faim.

Ne men*ts* pa*s* si tu veu*x* que l'on te croi*e*.

Rien n'es*t* beau que le vrai.

Quan*d* le pui*t*s es*t* à sec, on sai*t* ce que vau*t* l'eau.

Qui ne fai*t* pa*s* quand il peu*t*, ne fai*t* pa*s* quand il veu*t*.

Crain*s* l'eau qui dor*t*.

Qui sai*t* ce que vau*t* le dra*p* y me*t* le pri*x*.

Qui dor*t* tro*p* sai*t* peu.

Ne fais pas à Jean ce que tu crains pour toi.

Ne dis de ceux qui sont loin que ce que tu en dis quand ils sont près de toi.

Qui ne sait pas le prix du temps sait bien peu.

Bats le fer quand il est chaud.

Pas à pas on va fort loin.

Ne fais point le mal, mais fais le bien.

Sois bon, et ne fais point de cas du mal que l'on dit de toi.

Si tu fais ce que tu peux, tu fais ce que tu dois.

Plus on est sot, plus on est vain.

Qui fait le plus, fait le moins.

Un fou ne sait où il va.

Un fou ne se tai*t* pa*s*.

On se tient où l'on e*st* bien.

Ce qui plaît à Luc nuit à Marc.

La plui*e* sui*t* de prè*s* le beau tem*ps*.

Le vent *e*t la plui*e*.

Je croi*s* qu'il pleu*t*.

O*h*! non, il ne pleu*t* pa*s*.

Le tem*p*s e*st* for*t* beau.

Le ciel e*st* tou*t* bleu.

S'il ne pleu*t* pa*s*, il fai*t* du ven*t*.

Je ne crain*s* pa*s* le ven*t*;

Mais je crains la pluie. Je sors quand il fait du vent, et je ne sors pas quand il pleut.

Ne sois pas trop lent.

Ne sois pas si mou :
Ce n'est pas bien.
Sois un peu plus vif,
Je t'en prie, mon bon.
Et si je ne puis pas?

Tu le peu*x*, j'en sui*s* sûr.

On peu*t* tou*t* ce qu'on veu*t*.

Voi*s* don*c* Jean, il n'e*st* plu*s* si mou;

Il e*st* trè*s*-prom*pt* dan*s* tou*t* ce qu'il fai*t*.

E*h* bien! je ne sui*s* plu*s* mou, moi;

Tu va*s* me voir.

Où va*s*-tu?

Je cours vers le parc.

Mais tu cours bien, très-bien!

Ne me dis donc plus que je suis mou,

Car je ne le suis plus,

Je le sens très-bien.

Viens voir mon chien dans la cour.

Mon chien est fort beau.

N'en ai*e* pa*s* peur.

Il ne mor*d* poin*t* :

Il jou*e*; voi*s* don*c*!

Je me*ts* me*s* doi*gts* sou*s* se*s* den*ts*;

Il ne me fai*t* pa*s* de mal.

Le cuir.

Qu'a-t-on mi*s* sur ce char?

Ce son*t* de*s* peau*x* de bœuf.

Que fait-on de*s* peau*x* de bœuf?

On en fai*t* du cuir.

Le cuir, c'e*st* de la peau de bœuf.

Le deuil.

Luc e*s*t en gran*d* deuil.

Sai*s* - tu qui lui e*st* mor*t*?

Luc e*s*t en deuil de sa sœur.

Quoi! la sœur de Luc n'e*st* plu*s*!

O*h* ! tan*t* pi*s* ; je le plain*s* bien.

Le jon*c*.

J'ai un beau jon*c*.

Le jonc plie et ne rompt pas.

Mon jonc n'est pas trop gros;

Et il est très-fin.

Il n'est pas non plus trop long pour moi.

Le brou des noix.

Tes doigts sont bien noirs.

C'e*st* le brou de*s* noi*x* qui les a tein*ts*.

Le brou de*s* noi*x* tein*t* le*s* doi*gts*.

La sui*e*.

Que voi*s*-je là dan*s* ton feu?

C'e*st* de la sui*e*.

Il y en a un gran*d* ta*s*.

La suie ne sen*t* pa*s* bon.

Pren*ds* la sui*e*, e*t* me*ts*-la dans un sac.

On ven*d* la sui*e*.

On en fai*t* du noir.

Le punch.

Qu'a*s*-tu dan*s* ce bol?

C'e*st* du punch que l'on fi*t* hier au soir.

Le punch n'est pas ce qu'il te faut.

N'en bois point, je t'en prie;

Il est trop fort pour toi.

Mon punch n'est pas trop fort,

On y mit du rhum, de l'eau-de-vie et du thé.

Je sais que le punch

est fait de rhum, d'eau-de-vie et de thé; mais il est trop fort pour toi.

Ne va pas au bois tout seul, à moins que tu ne sois grand.

Hier, j'eus bien peur.

Et de quoi, s'il te plaît?

Je vis un gros ours dans le bois.

Le vis-tu de loin?

Je le vis de fort loin;

Mais je n'en eus pas moins peur.

En ce cas, ne va plus au bois tout seul.

Jean y va bien tout seul.

Il est vrai que Jean n'a pas peur des ours;

Mais Jean est plus grand que toi.

Quand il voit un ours, il le tue.

Et il en est tout fier.

Le bois sec et le bois vert.

—

Tom, mets du bois au feu.

Il fait bien froid.

Quel e*st* ce boi*s*-là?

C'e*st* le tron*c* d'un vieu*x* pin.

Il e*st* bien sain.

E*st*-il bien sec?

Je crois qu'il e*st* un peu ver*t*.

Je ne veu*x* pas de boi*s* ver*t*.

Il me fau*t* du boi*s* sec.

TROISIÈME LEÇON SUPPLÉMENTAIRE.

Je mang*e*ai une pomme for*t* grosse.

Tu mang*eas* un trè*s*-bon gâteau.

Il mang*e*a une belle poire.

Nou*s* mang*e*âme*s* de la moru*e* fraîche.

Vous mang*e*âte*s* de la bouilli*e* tro*p* clair*e*.

Il*s* mangèren*t* deu*x* gro*s* poisson*s*.

J'aig*u*ise mon gran*d* couteau.

Lauren*t* aig*u*isa son couppere*t*.

Notre poirier per*d* se*s* feuille*s*.

Ce cabriole*t* va chez ma gran*d*'-maman.

Ce gran*d* panier e*st* plein de raisin blan*c*.

Ma tante de*s*cen*d* de voiture.

Mon cousin acheta un beau lustre.

La de*s*cente lui semble bien pénible.

Le reste du souper *fut* porté che*z* lui.

Notre Seigneur *eut* douze disciple*s*.

Les pigeons de ma sœur sont blancs.

Mon cousin joue très-bien du flageolet.

Si vous faites du mal, chacun vous le rendra.

Si vous faites du bien, chacun vous en fera.

Celui qui fait le bien ne fait que son devoir.

Je n'aime point qu'on

croi*e* avoir toujour*s* bien fai*t*.

Il fau*t*, pour être aimé, savoir se rendre aimable.

Le mal que l'on a fai*t* e*st* connu tòt ou tar*d*.

Le*s* ven*ts*.

Le ven*t* e*st* trè*s*-for*t* ce soir.

C'e*st* le ven*t* du nor*d*.

Non, c'e*st* le ven*t* du sud.

Le nor*d* e*st* ver*s* là-hau*t*.

Le sud e*st* ver*s* là-ba*s*.

Le ven*t* d'est vien*t* de là.

Je croi*s* que c'e*st* le ven*t* d'ouest.

Fai*s* la croi*x*, tu va*s* voir.

Le nor*d* n'es*t*-il pa*s* là?

E*h* bien! nor*d*, est, sud, ouest.

Je l'ai bien di*t*, c'e*st* le ven*t* du sud.

Le ven*t* du nor*d* est un ven*t* sec.

E*t* il pleu*t* ce soir.

Le nain.

Le nain que je vis hier n'est pas plus grand que moi.

Je n'ai que six ans et il a vingt ans.

Que te dit-il, ce nain?

Il me prit la main.

Il rit de bon cœur.

Mais il ne me di*t* rien.

E*t* toi, que lui di*s*-tu?

Moi, je ne lui di*s* rien.

J'eu*s* peur de se*s* gran*ds* yeu*x* e*t* de sa voi*x*.

A*h*! tu *eus* peur du nain!

Ne di*s* poin*t* que tu a*s* du cœur.

Fi! tu e*s* si gran*d* e*t* tu *eus* peur!

La pluie.

Marc e*st* for*t* mal.

On crain*t* pour se*s* jour*s*.

Tan*t* pi*s*, je le plain*s* :
Marc a bon cœur,
E*t* il fai*t* bien tou*t* ce qu'il fai*t*.

Où a-t-il pris mal?

Il a pris mal au bois.

Hier il eut la pluie sur le corps tout le jour.

Quand il vint le soir, il dit à sa sœur:

Je ne suis pas bien, j'ai froid;

Je vais au lit.

Sa sœur lui fit du thé.

Il en but et il *eut* chau*d*.

Mais il n'en e*st* pa*s* moin*s* for*t* mal.

Le froid au*x* pie*ds*.

Pren*ds* ta sœur par la main, e*t* sui*s*-moi.

Où va*s*-tu?

Je vai*s* dan*s* la cour.

J'ai bien froid aux pieds et aux mains.

Quand j'ai froid aux pieds et aux mains, je fais trois fois le tour de la cour, je cours bien fort, et je n'ai plus froid.

Fais ce que je dis.

Cours bien fort ; tu vas voir.

C'est vrai; je n'ai plus froid.

Les yeu*x* du cha*t*.

D'où vien*s*-tu si tar*d*?

Je vien*s* de chez ma sœur.

E*t* toi, que fai*s*-tu là?

Je pren*ds* le frai*s*.

C'e*st* for*t* bien.

Il a fai*t* chau*d* tou*t* le jour.

Il fai*t* trè*s*-bon ce soir.

Qu'a*s*-tu vu chez ta sœur?

J'ai vu un gran*d* char à si*x* roue*s*.

E*t* moi j'en ai vu un à troi*s* roue*s*.

E*h* quoi! tu ri*s*?

Oui, je ri*s*; on ne fai*t* pa*s* de char à troi*s* roue*s*.

On en fai*t*, car j'en ai vu un.

Crois-moi : je ne men*ts* pa*s*.

Mai*s* le jour fui*t*, la nui*t* vien*t*,

On ne voi*t* plu*s* clair.

Je m'en vai*s* : je sui*s* loin de chez moi.

Hé! qu'e*st*-ce que je voi*s* dan*s* ce coin?

Ce sont les yeu*x* d'un cha*t*.

Ne crain*s* rien ; il va fuir.

Il fui*t*, il cour*t* bien for*t*.

Il e*st* bien loin.

Il a *e*u peur de nou*s*.

Il e*st* dou*x*, il e*st* bon, e*t* il li*t* bien.

Où va ton fi*ls*?

Il va au*x* cham*ps*.

Que fai*t*-il au*x* cham*ps*?

Il y fai*t* tou*t* ce qu'il peu*t*.

Que sait-il, ton fi*ls*?

Il n'a pa*s* huit an*s*;

Il ne li*t* que le soir,

E*t* il li*t* tou*t* seul.

Pui*s* mon fi*ls* e*st* si dou*x*, si bon!

Quoi! ton fi*ls* n'a que huit an*s*?

Oui; il e*st* né en milhuit - cent - vingt - un.

Dans quel mois est-il né?

Il est né dans le mois de juin.

Il est né le huit juin.

Dès ce soir je veux le voir chez moi.

S'il lit bien,
S'il est doux
Et s'il est bon,
Je sais ce qu'il lui faut.

Le cha*t* e*t* le ra*t*.

Voi*s* ce gro*s* cha*t* noir.

Il a du feu dan*s* les yeu*x*.

O*h* ! qu'il e*st* lai*d* !

Mon cha*t* e*st* tou*t* blan*c*.

Il e*st* trè*s*-beau.

Je croi*s* que le tien e*st* gri*s*.

Oui, mon cha*t* e*st* gri*s*.

Il a le poil bien lon*g*.

Il prit hier un gro*s* ra*t* sur le bor*d* de ce trou.

Le rat e*st* la proi*e* du cha*t*.

Mon cha*t* e*st* trè*s*-dou*x*.

Il ne mor*d* pa*s*.

Il fai*t* le gros do*s*.

Ne t'y fi*e* pa*s*.

Je crain*s* le*s* cha*ts*.

Le*s* bœu*fs* e*t* le lou*p*.

A qui son*t* le*s* bœu*fs* que je voi*s* là-ba*s*?

Il*s* sont à nou*s*.

Où vont-il*s*?

Il*s* von*t* dan*s* le parc.

Un gro*s* chien le*s* sui*t*.

E*st*-ce que le*s* bœu*fs* on*t* peur du lou*p*?

Un bœuf tou*t* seul crain*t* le lou*p*;

Mai*s* quand il y a plu*s* d'un bœuf,

Il*s* n'on*t* pa*s* peur du lou*p*.

Le bœuf e*st* for*t* lour*d*:

Mais il cour*t* trè*s*-bien.

Le bœuf e*st* trè*s*-for*t*;

E*t* il nou*s* ser*t* trè*s*-bien.

—

Théophile.

Théophile se lève dès qu'on lui dit de se lever.

On le peigne, on le lave, on l'habille, et il ne se plaint pas une seule fois.

Il ne boude jamais.

Il est toujours gai.

Il est toujours content.

Théophile est très-propre.

Il ne tache jamais son linge;

En marchant dans la rue, il salit peu ses souliers.

Il choisit les endroits où il met ses pieds.

A table, il mange ce

qu'on lui donne san*s* se plaindre.

Il mange trè*s*-propre-men*t*.

Théophile jou*e*; mais il ne fai*t* jamai*s* tro*p* de brui*t*.

Il va souvent avec son papa.

S'il entre dans une maison, il tien*t* son chapeau à la main, e*t* il salu*e* avec beaucou*p* de grâce.

Il ne s'assie*d* que lorsqu'on lui di*t* de s'asseoir.

En sortan*t* , il ne manque jamai*s* de saluer.

Théophile n'écri*t* pa*s* trè*s*-bien :

Il écri*t* tro*p* vite ;

Mai*s* comme il aime beaucou*p* son papa , sa

maman, son frère et ses sœurs, Théophile s'appliquera pour leur faire plaisir.

Théophile est fort doux;

Il est bien poli:

Aussi tout le monde l'aime.

L*e*s gan*ts*, le*s* bas e*t* le *s*chal*l*.

J'ai de beau*x* gan*ts* blan*cs*.

E*t* moi j'ai un beau *s*chal*l* neuf.

Et me*s* ba*s* gri*s* , les a*s*-tu vu*s*?

Oui, je les ai vu*s*.

Ne sont-il*s* pa*s* trè*s*-beau*x*?

Te*s* ba*s* gri*s* sont beau*x*;

Mais il*s* son*t* tro*p* gran*ds* pour toi.

Le pie*d* en e*st* tro*p* lon*g*.

O*h*! que non! il*s* ne son*t* pas tro*p* gran*ds*.

Le pie*d* n'en e*st* pa*s* tro*p* lon*g*.

Il*s* me von*t* trè*s*-bien.

C'e*st* ton *s*chal*l* qui e*st* tro*p* gran*d* pour toi.

Tu n'a*s* que dix an*s*.

Ma sœur a vingt an*s*,

E*t* son *s*chal*l* n'e*st* pas plu*s* gran*d* que le tien.

Il fau*t* qu'un *s*chal*l* soi*t* gran*d* :

Il en va bien mieu*x*.

S'il e*st* tro*p* long, je

fais un, deux ou troi*s* pli*s*.

E*t* je le me*ts* au poin*t* qu'il fau*t*.

Tu voi*s* don*c* bien que mon *s*chal*l* n'e*st* pa*s* tro*p* gran*d*.

Te*s* gan*ts* son*t* for*t* beau*x*.

E*t* il se peu*t* bien que te*s* ba*s* ne soi*ent* pa*s* tro*p* gran*ds*.

S'il*s* son*t* bien à ton goû*t*, n'e*st* - ce pa*s* tou*t* ce qu'il fau*t*.

Le*s* jour*s* cour*ts* e*t* le*s* jour*s* lon*gs*.

Le tem*ps* e*st* trè*s*-beau.

Il ne fai*t* pa*s* froi*d*.

Il ne fai*t* pa*s* tro*p* chau*d*.

C'est le temps du mois de mai.

Le mois de mai est le plus beau de tous les mois.

Que dis-tu du mois de juin?

Le mois de juin n'est pas si beau que le mois de mai.

Il fait trop chaud au mois de juin.

On ne sor*t* que le soir, au moi*s* de juin.

Au moi*s* de mai on sor*t* tou*t* le jour.

E*t* le moi*s* de mars, qu'en di*s*-tu?

Au moi*s* de mars le*s* jour*s* son*t* plu*s* cour*ts* qu'au moi*s* de mai.

Au moi*s* de mars il fai*t* froi*d*;

Il pleu*t* e*t* il y a de la bou*e*.

On ne sor*t* que de tem*p*s en tem*ps*.

Au moi*s* de mai on sor*t* tou*s* le*s* jour*s*.

Le*s* pré*s* son*t* ver*ts* ; on y voi*t* de*s* fleur*s*.

Au moi*s* de mai le*s* jour*s* son*t* plu*s* lon*gs* qu'au moi*s* de mars, e*t* il ne fai*t* pa*s* froi*d*.

Quan*d* le*s* jour*s* son*t* bien cour*ts*, il fai*t* froi*d*;

Quan*d* le*s* jour*s* son*t* bien lon*gs*, il fai*t* chau*d*.

L'ail e*t* le musc.

Qu'e*st*-ce qui sen*t* si for*t*?

Je croi*s* que c'e*st* du musc.

C'est de l'ail que tu sens.

Oh! que non, ce n'est point de l'ail.

Je suis sûr que c'est du musc.

L'ail sent plus fort que le musc.

L'ail ne sent pas bon,

Et le musc sent très-bon.

L'ail ne plaît qu'à très-peu de gens.

Le musc plaît à bien des gens.

Moi, je crains l'ail;

Et le musc me plaît quand il n'y en a point trop.

Et moi je crains l'ail et le musc:

Mais je crains bien plus l'ail que le musc.

L'ail me fai*t* fuir, tant il e*st* for*t*.

Viens au grand air :

Je sens que le musc me fai*t* mal.

Je te sui*s* dan*s* la cour.

Bon ! je ne sen*s* plu*s* rien.

Le bruit.

Ne crie donc pas tant; Le bruit fait mal à ma sœur.

Où donc est ta sœur? Ma sœur est près de nous.

C'est bon: dis-lui que je m'en vais.

Je vai*s* chez moi.

Là je jou*e* e*t* je cri*e* tan*t* que je veu*x* ;

E*t* nul ne se plain*t* ni de me*s* jeu*x* ni de me*s* cri*s*.

Ne par*s* pa*s* si tô*t* ;

Je sai*s* de*s* jeux où l'on ne fai*t* pa*s* de brui*t*.

Mai*s* ma sœur va voir Frank qui n'e*st* pa*s* bien.

Joue, crie, si tu le veux.

Il n'y a que nous dans ces lieux.

Ne te plains pas de ma sœur, au moins :

Le bruit fait mal à bien des gens.

Mais d'où vient que je joue plus que toi, et que l'on ne se plaint pas du bruit que je fais?

C'est que tu en fais moins, et que tu cries moins fort que moi.

Crois-moi, mon cher, où que tu sois, ne fais point trop de bruit,

Car je sais bien des gens à qui le bruit ne plaît pas plus qu'à ma sœur.

Le dra*p* bleu e*t* le dra*p* gri*s*.

J'ai vu ton dra*p* bleu.

Il e*st* for*t* beau e*t* trè*s*-bon.

Je crain*s* qu'il ne soi*t* tro*p* cher.

Ce qui e*st* bon n'e*st* poin*t* tro*p* cher.

E*t* je l'ai *e*u à un bon prix.

Dan*s* ce ca*s*, tu a*s* fait un trè*s*-bon choi*x*.

Ton goû*t* me plaî*t* for*t*.

Pren*ds* - tu du dra*p* noir?

Non; j'ai tou*t* ce qu'il me faut en noir.

E*t* du dra*p* gri*s*, en veu*x*-tu?

Il m'en faut un peu pour tou*s* le*s* jour*s*.

Mai*s* s'il n'e*st* pa*s* bon, je n'en veu*x* pa*s*.

Mon dra*p* gri*s* e*st* trè*s*-bon.

Il e*st* plu*s* for*t* que le dra*p* bleu.

Je voi*s* bien qu'il e*st* plu*s* for*t*;

Mai*s* il n'e*st* pa*s* si fin.

A quel pri*x* me le vend*s*-tu?

A si*x* franc*s* de moin*s* que le dra*p* bleu.

C'e*s*t un peu tro*p* cher:

A di*x* franc*s* de moin*s* je le prend*s* e*t* je le pai*e*.

J'y per*ds*; mai*s* pren*ds*-le.

Si tu per*ds*, je ne le veu*x* pa*s*.

Pren*ds*-le, te di*s*-je. Ne te faut-il plu*s* rien? Non; j'ai tou*t* ce qu'il me fau*t*.

Le Turc e*t* le Grec.

D'où vien*s*-tu, Paul? O*h*! je vien*s* de bien loin.

Je vien*s* de ce bourg

que l'on voi*t* là - ba*s*.

E*t* tu di*s* que c'e*st* bien loin?

Je le croi*s* bien ; il y a plu*s* de troi*s* lieu*es*.

Tu va*s* bien loin tou*t* seul.

O*h*! je vai*s* bien plu*s* loin.

Je vais à hui*t* lieu*es*.

Ne sui*s*-je pa*s* gran*d*?

J'ai deu*x* foi*s* se*p*t an*s*.

Tu n'as que dix ans, toi;

J'ai deux fois deux ans de plus que toi.

Qu'as-tu vu à ce bourg?

J'ai vu un Turc et un Grec.

Les as-tu vus de près?

Je les ai vus de très-près.

Le Turc est-il beau?

Non ; il n'e*st* pa*s* gran*d* ;

Il e*st* for*t* gro*s* ;

Il a le tein*t* brun ;

Il a les yeu*x* noir*s*,

E*t* le*s* cil*s* for*t* cour*ts*.

E*t* le Grec est-il plu*s* beau?

O*h* ! le Grec e*st* for*t* beau !

Il e*st* bien gran*d* ;

E*t* il n'e*st* pa*s* tro*p* gro*s*;

Son teint est bien blanc;

Il a les yeux bleus et très-grands.

Ses cils sont longs.

Le Grec est plus beau que le Turc.

Le coq qui meur*t* dan*s* l'eau.

Qu'a*s*-tu fai*t* de ton coq noir?

Je ne le voi*s* plu*s*.

Mon coq noir e*st* mor*t* dan*s* l'eau.

Quoi! ce beau coq e*st* mor*t* dan*s* l'eau?

Quan*d* donc est - il mor*t*?

Hier au soir un gros chien vin*t* dan*s* la cour;

Le coq *eut* peur;

Il pri*t* son vol ver*s* la mer,

E*t* on ne l'a plus vu.

La mer es*t* donc bien prè*s* de che*z* toi?

Le flu*x* de la mer

vien*t* for*t* prè*s* de la cour.

Je veu*x* voir le flu*x* de la mer dè*s* ce soir.

Il ne tien*t* qu'à toi.

J'en fai*s* peu de ca*s*, moi, car je le voi*s* tou*s* le*s* jour*s*.

Viens au bor*d* de la mer.

Ne va pas tro*p* prè*s* de l'eau;

Car le flu*x* vien*t*.

Mai*s* que voi*s*-je au bor*d* de l'eau?

C'e*st* ton coq noir.

Il n'y a pa*s* lon*g*-tem*ps* qu'il e*st* mor*t*;

Je croi*s* qu'il e*st* chau*d*.

O*h*! non, il n'e*st* pa*s* chau*d*;

Il e*st* trè*s*-froi*d*.

Mais il e*st* for*t* gros e*t* bien gra*s*.

Le pain frais *e*t le miel.

—

Il e*st* bien tar*d* e*t* je n'ai rien pri*s*.

Pren*ds* un peu de miel e*t* me*ts*-le sur ton pain.

Le pain e*st* frai*s*.

Le miel e*t* le pain frai*s*, c'e*st* for*t* bon.

Le miel e*st* tro*p* dou*x*.

Je n'en veu*x* pa*s*.

Je crain*s* ce qui e*st* dou*x*.

Pren*ds* don*c* du pain tou*t* sec, car je n'ai rien de plu*s*.

Que voi*s*-je là dan*s* ce pot?

C'e*st* du por*c* frai*s* pour ce soir.

Le porc frais e*st* trè*s*-bon.

Oui; mai*s* il n'e*st* pa*s* cui*t*.

Le porc frai*s* n'e*st* bon que bien cui*t*.

E*t* dan*s* ce pla*t*, qu'y a-t-il?

Ce son*t* de*s* chou-fleur*s*.

Le*s* chou-fleur*s* ne son*t* bon*s* que cui*ts*.

Et ceux-ci sont crus.

S'il n'y a rien de cuit,

Sers-moi du pain frais et un peu de vin.

Le pain frais est fort bon dans le vin.

Le pain frais est fort bon tout seul.

N'en a pas qui veut.

Le clou pri*s* dan*s* la ru*e*.

Tu a*s* là un clou for*t* gros e*t* for*t* lon*g*.

Où l'a*s*-tu pri*s*?

Je l'ai vu à me*s* pie*ds*, dan*s* la ru*e*, prè*s* du pon*t*, e*t* je l'ai pri*s*.

Ce qui e*s*t à no*s*

pieds, dans la rue, n'est pas à nous.

Rends-le, si tu m'en crois.

Je sais que ce clou n'est pas à moi.

Je n'y tiens pas.

Je ne tiens qu'à ce qui est à moi.

Mais sais-je à qui est ce clou?

Bien des gens ont vu

quan*d* je l'ai pri*s*, e*t* nul n'a di*t*:

Il e*s*t à moi.

Ne t'en ser*s* pa*s* de long-tem*p*s, au moin*s*.

Je ne me ser*s* que de ce qui e*s*t à moi.

J'ai de*s* clou*s* chez moi plu*s* que je n'en veu*x*.

Mai*s* n'e*st*-ce pas un cerf qui cour*t* ver*s* le boi*s*?

O*h* ! c'e*st* bien un cerf.

E*t* ce gro*s* chien qui cour*t* ver*s* lui ?

Il y a bien plu*s* d'un chien ;

Il y en a deu*x*, troi*s*, cinq, huit.

Ce son*t* le*s* chien*s* de Paul.

Ils on*t* pri*s* le cerf.

QUATRIÈME LEÇON SUPPLÉMENTAIRE.

Le*s* bœu*fs* beugle*nt*;
Il*s* laboure*nt* le*s* cham*ps*.
Le*s* brebi*s* bêle*nt*;
Elle*s* paisse*nt* l'herbe.
Le*s* canar*ds* nasille*nt*;
Il*s* nage*nt* for*t* bien.
Le*s* cha*ts* miaule*nt*;

Ils prennent les souris.

Les chevaux hennissent ;

Ils traînent nos voitures.

Les chiens aboient ;

Ils gardent nos maisons.

Les cochons grognent ;

Ils mangent du gland.

Les corbeaux croassent ;

Il*s* mange*nt* la cha-
rogne.

Le*s* lou*ps* hurle*nt*;

Il*s* mange*nt* le*s* mou-
ton*s*.

Le*s* grenouille*s* coas-
se*nt*;

Elles aime*nt* le beau
tem*ps*.

Le*s* lion*s* rugisse*nt*;

Il*s* vive*nt* dan*s* le*s*
boi*s*.

Le*s* moineau*x* pépie*nt* ;

Il*s* détruise*nt* le grain.

Les abeille*s* bourdonne*nt* ;

Elle*s* fabrique*nt* le miel.

Le*s* perroquet*s* cause*nt* ;

Ils imite*nt* notre voi*x*.

Les hirondelle*s* gazouille*nt*.

Elle*s* voyage*nt* tou*s* les an*s*.

Le*s* pigeon*s* roucoule*nt* ;

Il*s* couve*nt* souven*t*.

Le*s* poule*s* glousse*nt*;

Elle*s* donne*nt* des œu*fs*.

Le*s* poulet*s* piaule*nt*;

Il*s* suive*nt* leur mère.

Le*s* ramier*s* gémisse*nt* ;

Il*s* vole*nt* for*t* bien.

Le*s* renar*ds* glapisse*nt*.

Il*s* mange*nt* no*s* poule*s*.

Les âne*s* brai*ent*;

Il*s* nou*s* serve*nt* bien.

Le*s* serpen*ts* sifflen*t*;

Il*s* se cache*nt* l'hiver.

Le*s* tourterelle*s* gémisse*nt*;

Elle*s* s'aime*nt* bien.

Le*s* cigale*s* craquette*nt*.

Elle*s* rompe*nt* la tête.

Le*s* paresseu*x* s'amuse*nt* difficilemen*t*.

Le*s* dame*s* s'expripme*nt* délicatemen*t*.

Le*s* vieillar*ds* s'enrhume*nt* facilemen*t*.

Le caporal *et* le sergen*t* *s*e charge*nt* de tou*t*.

Ce lézar*d* *et* ce serpen*t* m'occupe*nt* beaucou*p*.

Pourvu que ces messieurs partent bientôt, je serai content.

Henri et Victor écrivent depuis ce matin.

Les femmes du quartier criaient.

Les bergers délogeaient le troupeau.

FIN DE LA PREMIÈRE PARTIE.

www.ingramcontent.com/pod-product-compliance
Ingram Content Group UK Ltd.
Pitfield, Milton Keynes, MK11 3LW, UK
UKHW020140200726
13856UKWH00003B/781

9 782011 320124